Copyright © Ana Maria Machado, 1981

Coordenação editorial
Lenice Bueno da Silva

Assistente editorial
Fernanda Magalhães

Ilustrações
Gonzalo Cárcamo

Projeto gráfico
Alcy

Edição de arte
Alcy e Jorge Zaiba

Digitalização das imagens
Greco Fotolito

Saída de filmes
Helio P. de Souza Filho, Marcio Hideyuki Kamoto

Impressão
Forma Certa Gráfica Digital

Lote
773095

Código
12035719

Dados Internacionais de Catalogação na Publicação (CIP)
(Câmara Brasileira do Livro, SP, Brasil)

Machado, Ana Maria.
 De olho nas penas / Ana Maria Machado;
ilustrações de Gonzalo Cárcamo – 2ª. Edição São Paulo:
Salamandra, 2003.

ISBN 85-16-03571-9

1. Literatura infantojuvenil I. Cárcamo, Gonzalo II. Título

03-0144 CDD-028.5

Índices para catálogo sistemático:

1. Literatura infantojuvenil 028.5
2. Literatura juvenil 028.5

Todos os direitos reservados com exclusividade por
Editora Moderna Ltda.
Rua Padre Adelino, 758 Belenzinho
03303-904 - São Paulo, SP
Vendas e atendimento: Tel.: (11) 2790 1300
www.salamandra.com.br
Impresso no Brasil, 2023

Ana Maria Machado

De olho nas penas

Ilustrações de

Gonzalo Cárcamo

23ª Impressão
2ª edição

Prêmio "Casa de las Américas" – Cuba, 1981
Prêmio APCA (Associação Paulista de Críticos de Arte) – Melhor Autor Juvenil, 1981
Selo de Ouro – Melhor Livro Juvenil do Ano (FNLIJ, 1981)

SALAMANDRA

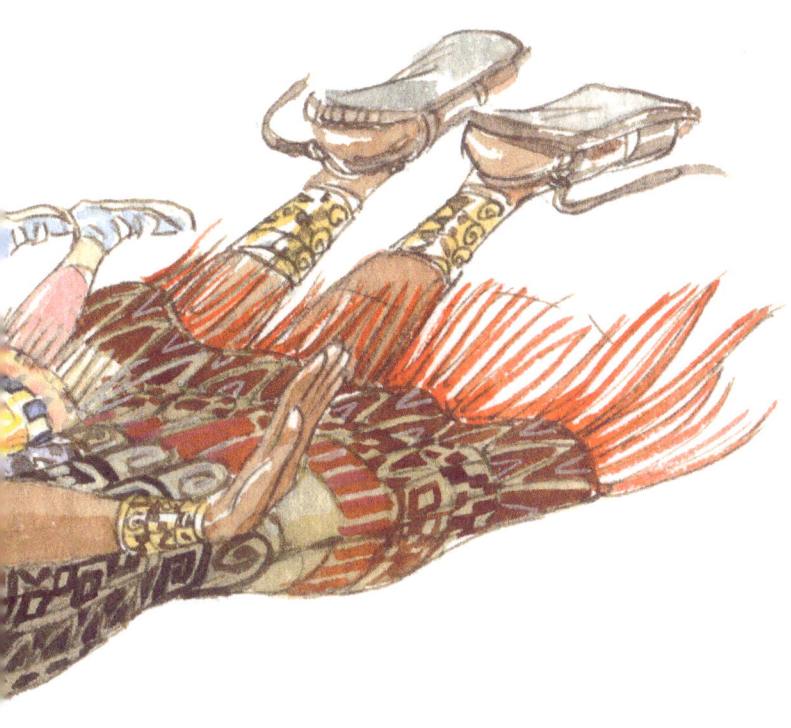

A todos os gatinhos que andaram nascendo em forno por aí, e nem por isso viraram biscoito. E aos leopardos, sobreviventes ou não.

Gato que nasce em forno

Miguel tinha oito anos, dois pais, e uns cinco países pelo menos. Às vezes ele não conseguia muito bem arrumar todos esses números dentro da cabeça. Ou somar, diminuir, multiplicar e dividir tudo isso dentro do coração. E volta e meia pensava no que podia fazer para botar todas essas coisas no lugar. Como não descobria, continuava tocando a vida para a frente — e também para cima e para os lados, que nem bola quando a gente faz embaixada.

Oito anos não é nada demais. Nem de menos. Muita gente tem. E quem não tem, já teve ou vai ter. Isso não chegava a ser muito complicado.

Dois pais já é um pouco mais encrencado. Quer dizer, a maioria das pessoas tem um só. E algumas não têm nenhum, isso é que é triste de verdade. Mas dois? Um bocado de gente tem também. Alguns amigos de Miguel tinham. A Adriana, por exemplo. Quando ela era pequena, os pais dela tinham se separado. Depois, a mãe casou de novo. Era o mesmo caso dos pais de Miguel — assim a gente fica com dois pais. Mas, de qualquer jeito, era diferente. Como Adriana mesma dizia:

— Eu não sou que nem você, Miguel, eu acho que só tenho mesmo é um pai e meio.

— Como assim?

— Meu pai é o João, que não mora lá em casa, mas eu vejo sempre. Passo os domingos com ele, às vezes durmo na casa dele, falo ao telefone quando tenho vontade, conheço os amigos e as amigas dele... E tem também o Antônio, que é meio meu pai, mora lá em casa, ajuda a cuidar de mim, conta história antes de eu dormir, dá remédio quando eu estou doente... Mas ele eu não chamo de pai.

— É... O Antônio para você é como o pai Luís para mim. Mamãe diz que não foi ele que plantou minha semente, mas é ele que me rega todo dia.

Adriana pensou um pouco, estranhou, e perguntou:

— E seu outro pai? É como o meu João?

Miguel não gostava de falar nessas coisas. Doía um pouco, lá dentro. Tratou de desconversar:

— Mais ou menos.

— Mas você não vê ele toda semana.

— É, não vejo. Mas não faz mal.

E antes que a menina continuasse falando naquilo, ele perguntou:

— Vamos ver quem chega primeiro ali naquela árvore?

Era o jeito de não ficar conversando sobre aquele assunto. Mas não havia jeito nenhum para o assunto não voltar à cabeça dele, quando estava sozinho, distraído, ou então naquele sono que vai e vem antes da gente dormir mesmo.

Miguel não gostava de conversar disso, mas tinha muitas coisas que ele sabia. Sabia, por exemplo, que o pai Carlos era o homem que tinha feito dentro do corpo da mãe o bebê que um dia ia ser ele — do mesmo jeito que todo dia o pai Luís ajudava a fazer o meninão que ele estava sendo. Sabia que o pai Carlos tinha se separado da mãe dele há muito tempo, quando ele ainda era pequeno, antes mesmo da irmã Maria nascer, por isso é que ela não tinha essa complicação de dois pais. E sabia também que existia algum mistério com o pai Carlos, um pai que ficava muito tempo sem vir ver o filho e que sempre estava meio diferente quando aparecia: às vezes de óculos, às vezes de bigode e barba, às vezes com uma cor diferente de cabelo. E sempre com um nome novo, mas Miguel sabia sempre quem era. Podiam chamar aquele homem de Beto, de Fernando, de Tiago. Miguel chamava também, entrava na brincadeira, até achava divertido. Mas quando estavam os dois sozinhos, ou quando dava para falar no ouvido no meio de um abraço, bem que ele dizia:

— Você é o meu pai Carlos, que eu sei...

Então o pai ria para ele, piscava para ele, dava um abraço bem apertado. Isso era um segredo bem dos dois. Um segredo que já durava muito tempo e muitos países.

Ah, é, porque tem também que botar uma porção de países no meio de tudo isso. Primeiro, tem o Brasil, o país onde nasceram a mãe e os dois pais de Miguel. E que também é o país que fez Miguel ficar sendo brasileiro. Mas não foi onde ele nasceu. Ele nasceu mesmo foi no Chile. E por isso é um bocado chileno. Mas sempre lembra do que dizia a avó dele (uma das avós, porque o que Miguel tem de avô, avó, tio, tia, primo e prima não dá nem para contar nos dedos, que as mãos acabam antes disso). Enfim, o que a avó gostava de dizer era:

— Gato que nasce em forno não é biscoito.

Das primeiras vezes, quando ele não entendia, ela explicava:

— Você nasceu no Chile, mas seu pai e sua mãe são brasileiros. Você também é.

Miguel não lembrava muito do Chile. Tinha saído de lá bem pequeno e nunca mais tinha voltado. Mas os pais e a mãe dele, e mais uma porção de amigos deles falavam umas coisas muito boas do tempo que tinham morado no Chile. Ele achava que ia gostar de lá um dia, quando crescesse e voltasse. Mas agora não podia ser. Ele não sabia por que, mas os grandes diziam isso.

Ainda tinha outra complicação. Um dia, já bem mais tarde, quando ele estava morando em Moçambique, tinham perguntado assim para ele:

— Afinal, Miguel, de que país você é?

— Do Brasil e do Chile.

— Dos dois? De onde são seus papéis?

— Papéis? Que papéis? Meus cadernos? Meus desenhos? São daqui mesmo.

— Não, Miguel, seus documentos. Certidão, passaporte, essas coisas.

Ele não sabia. Perguntou à mãe.

— São da França.

— Da França, mãe? Então eu sou francês?

— Ih, meu filho, não dá para explicar direito, mas vamos ver. É que quando a gente teve que sair do Chile, eu e seu pai éramos brasileiros, mas você e sua irmã tinham papéis chilenos. E para deixar nós todos sairmos juntos, eles nos obrigaram a entregar todos os papéis de vocês.

— Eles quem?

— Os homens lá, que estavam mandando em tudo.

— E aí?

— Aí vocês saíram sem papéis, que jeito? No Panamá e na Bélgica ficamos todos assim mesmo. Mas depois, quando fomos para a França, deu para acertar tudo.

— Acertar como?

— Seu pai foi lá numa repartição do governo, contou a história toda, disse que vocês eram filhos da gente, mostrou os papéis que nós tínhamos. E aí eles fizeram uns novos para vocês. Documentos franceses, mas dizendo que vocês tinham nascido no Chile.

Miguel pensou um pouco e perguntou:

— Meu pai foi lá, é? Qual pai?

Houve um silêncio e depois veio a resposta:

— Seu pai Luís, claro. A esta altura o Carlos já estava perdido no mundo.

— Ué, mãe, o pai Carlos não estava no Chile com a gente?

— Estava no Chile, sim, Miguel, mas não era com a gente. Já estava morando em outra casa. E na hora de sair do Chile, foi muita confusão, muita correria, nós não saímos juntos. Nós nos asilamos na embaixada. Ele saiu por outros caminhos. E é melhor não ficar perguntando muito essas coisas.

Nunca dava para perguntar muito essas coisas, Miguel sabia. E ele não lembrava bem, era muito pequeno naquele tempo. Lembrava era de depois, quando já estavam morando na França e ele ia para a creche, para a escola. Um dia ele viu na rua um carro cheio de soldados que estavam indo para algum lugar, e então de repente lembrou do Chile e teve medo. Mas não lembrava de que, por que era o medo. Lembrava que nesse dia, quando ficou com medo e fez com a boca um barulho igual ao de tiros, uma amiga da mãe botou ele no colo e disse:

— Calma, meu amorzinho, está tudo bem, aqui não tem perigo nenhum, não vai acontecer nada...

E lembrava também muito longe, muito apagado, que antes disso, no meio do barulho dos tiros de verdade, em outro

lugar diferente da França, a avó também tinha abraçado ele, segurando no colo a irmã ainda bebezinha, enquanto dizia:

— Não vai acontecer nada...

Dizia, mas chorava. E não deixava ele chegar nem perto da janela para ver que barulhada era aquela lá fora.

A mãe tinha explicado que isso tinha sido no Chile, logo que ela e o pai se esconderam e ele e Maria tinham ficado com a avó. Antes de irem para a embaixada, que Miguel imaginava como se fosse um castelo-fortaleza ou uma caverna secreta onde ninguém conseguia entrar. Antes de saírem para a França. Porque a França ele lembrava, era outro país importante para Miguel. Foi o lugar do colégio e dos amigos. A mãe falava no Panamá e na Bélgica, mas desses lugares ele não lembrava nada. Da França, sim. Tinha sido bom. Às vezes o pai Carlos aparecia, visitava. Vinham de vez em quando tios de todos os lados, irmãos da mãe, do pai Luís, do pai Carlos. E tinha carrossel, metrô, piscina de água quente quando fazia frio, brincadeira com bola de neve. Mas não era lugar de falar português. Português era a língua dos outros países de Miguel. Era a língua que ele falava em casa, com os pais, a irmã, os amigos, as pessoas que vinham passar um tempo e iam embora, só ficavam mandando cartas. Era também a língua que falavam no Brasil, onde ele agora estava morando e onde veio algumas vezes passar férias com os avós. Português também era a língua de Portugal, um lugar bom, onde eles todos tinham morado um tempo logo depois da França, cheio de gente alegre, de sorrisos, de cantigas e de cravos vermelhos. E português também era a língua de Moçambique, onde ficava a casa gostosa de Maputo, perto do mar, no calor do sol, e onde o pai e a mãe voltavam tão satisfeitos do trabalho. E onde diziam que a saudade do Brasil ficava ainda maior, de tão parecido que tudo era. Miguel lembrava que, nesse tempo, às vezes ele vinha com Maria passar um mês no Brasil, mas os pais não podiam vir. Quando ele voltava, ficava uma perguntação de tudo o que eles tinham visto por aqui.

Mas agora estavam todos de volta. Todos de novo no Brasil. Por causa da anistia, ele tinha ouvido dizer. Uma lei ou uma coisa qualquer que tinha deixado muita gente voltar. Até o pai Carlos tinha aparecido de volta, vinha sempre visitar, pegava Miguel para passar uns dias com ele, telefonava, e agora estava sempre com a mesma cara e com o nome dele mesmo. Miguel não entendia muito, mas achava que era fácil, fácil se acostumar com essas coisas novas. Só que às vezes ainda era difícil responder a algumas perguntas. Quando perguntavam de que time ele era, já tinha resolvido e respondia que era Flamengo. Mas não sabia o que ia dizer quando perguntavam:

— Você é carioca ou paulista?

Só dizia assim:

— Nenhum dos dois.

E se perguntavam:

— Você é de onde?

Ele só respondia:

— Adivinha.

Ninguém adivinhava. Nem ele. Às vezes não conseguia nem saber direito se era brasileiro. Ou entender bem por que era filho de Carlos e tinha o sobrenome de Luís. Volta e meia pensava nessas coisas.

Uma noite, ele tinha ido dormir na casa da avó e estava pensando nisso. Coisa boa de ter dois pais é que assim tinha mais avós, e um montão de tios e primos. Coisa boa de ter muitos países devia ser como?

Mas nem estava dando para pensar muito, porque começou a prestar atenção na trovoada que estava se armando lá fora. Cada relâmpago que clareava tudo, cada trovão que fazia um barulho como se alguma coisa enorme estivesse caindo do céu. E o vento que soprava forte, assoviando feito uma canção. Era uma coisa um pouco assustadora, mas muito bonita, dentro da luz forte que piscava de vez em quando, um barulho como se fosse uma música muito alta, com um tamborzão batendo e uma porção de flautas tocando ao mesmo tempo. Mas era flauta mesmo! Miguel foi prestando atenção e teve certeza. Levantou a vidraça para ouvir melhor. Aí viu o que era. O vento tinha arrancado várias folhas do mamoeiro do quintal, separado a folhagem para um lado, cortado os talos em tamanhos diferentes, enrolado uma palha fina entre eles amarrando tudo.

— Aí, hein, seu Vento, fabricou uma bela flauta! — cumprimentou Miguel.

Mas o vento nem parou para agradecer o elogio. Estava muito ocupado. Tocava aquela flauta pra lá e pra cá, o vento musical, como um pastor nas montanhas, chamando as cabras, as ovelhas. Ou chamando as lhamas? Por que seria que Miguel pensava nisso? Era como se aquela música viesse de muito longe, de umas montanhas muito altas e muito conhecidas, tocadas por ele ou por um menino como ele, de gorro de lã colorida cobrindo as orelhas e poncho bem quentinho protegendo do frio. Ou seria um menino assoviando? Miguel queria muito aprender a assoviar, toda hora ele experimentava, mas só saía som se ele puxasse o ar para dentro, e aí o fôlego acabava logo. Não conseguia ainda assoviar para fora, mas um dia ia aprender. Resolveu levantar e olhar pela janela, tentando ver melhor. Aí alguma coisa pegou ele no colo. Estava escuro, não dava para ver bem. Parecia uma ave. Um condor, talvez. Que voasse bem para o alto daquelas montanhas. Ou seria o vento? Mas era macio e quentinho, um colo forte como o do pai Carlos, mudando de cara e de jeito mas sempre protetor. Miguel foi fechando os olhos e aproveitou o chamego gostoso daquele colo que só podia estar levando para um lugar bom, como um anjo.

Na terra das montanhas

Quando Miguel acordou, o céu estava muito azul, muito limpo e muito claro. O sol dominava o céu como um deus, acima das montanhas muito altas e muito verdes. Junto dele, em pé, estava parado um vulto tão brilhante que até ofuscava, não dava para olhar direto para ele, nem ver direito a cara e o jeitão. Miguel perguntou:
— Quem é você?
— Amigo.
Miguel tentou ver o Amigo melhor. Brilhava muito. Parecia coberto de ouro. Refletia os raios do sol com toda força. Primeiro, Miguel achou que ele estava todo vestido de brilho. Depois, foi vendo que não era todo não, eram só algumas partes. Mas era mesmo uma luz muito forte.
— Pensei que você era todo de ouro, Amigo.
— Muita gente já pensou isso antes também. Por isso é que nós sofremos tanto quando os cavaleiros chegaram. Mas olhe bem. Sou gente como você. Ou talvez fosse melhor dizer que você é como eu, porque eu sou mais antigo. Gente de carne, osso, coração, sangue, riso, choro e canção.
Miguel olhou melhor para ele. A pele era cor de cobre, avermelhada. Na cabeça, um diadema de ouro bem no alto, todo trabalhado. Brincos pendurados nas orelhas, enormes.

Não tinha viseira nem máscara, mas tinha uma narigueira, também de ouro, que escondia parte do rosto. Não admira que Miguel tivesse achado que o Amigo era de ouro. O resto do corpo também brilhava. Penduradas no pescoço, cobrindo o coração, placas de ouro formavam um peitoral. E o ouro continuava em braceletes, pulseiras, tornozeleiras. O Amigo parecia mesmo um sol humano.

— Que lugar é este? — perguntou Miguel.

— Minha terra, sua terra, a terra das montanhas e dos vulcões, vizinha à terra do grande rio, também sua, também minha. O país dos homens cor de fogo, da gente cor de cobre.

— O país do ouro também?

— Já teve quem pensasse isso. Quando os cavaleiros chegaram, em suas armaduras e montarias, suas armas que vomitaram raios e despejaram trovões, também ficaram achando que tudo era de ouro. Até andaram chamando alguns lugares por aí de Eldorado. E para matar a sede de ouro que eles tinham, fizeram a terra beber nosso sangue. E para diminuir a febre de ouro que sentiam, nos queimaram no fogo de suas armas. Até que só ficamos com o sol e os segredos da terra. As riquezas, eles carregaram.

— E a terra tem segredos, Amigo?

— Tem. Você sabe quais são, porque você é um dos nossos.

— Não estou entendendo — estranhou Miguel.

— Na sua casa, você pode encher a banheira de água e olhar para dentro. É tudo claro, fechado, parado, sem segredos. Muito fácil de entender. Tudo feito para quem não consegue descobrir mistérios ou guardar os segredos das coisas escondidas que o inimigo não pode saber. Mas venha só até aqui ver uma coisa, Miguel.

O menino foi com ele até um lugar onde saía água da pedra, na encosta da montanha. O Amigo mostrava e continuava:

– Veja só quanta coisa tem, Miguel, na água desta nascente que corre da pedra. A água corre sem parar, foge, esfria, escapa, se arrepia. Nada é fácil. Precisa saber olhar. Não tem nenhuma resposta pronta.

Miguel olhou com ele o fiapo de água que escorria. Minava da pedra, sem parar. Como é que uma rocha podia fabricar água? Claro que não podia. A água devia vir de mais longe, passando por dentro da terra, talvez descendo desde o alto das montanhas nevadas quando o sol derretia o gelo, não dava para Miguel saber de onde. Mas dava para entender que vinha de longe, filtrada pela terra, e era limpa e pura por causa disso. Dos lados daquele fio d'água, a pedra era verde, do musgo que aproveitava a umidade e crescia. Perto de onde a água caía, nasciam muitas plantas. Depois, a água ia procurando seu caminho no terreno que descia, fazendo curva para um lado e para o outro, ficando um riozinho mais largo. Na certa ia encontrar outro mais adiante, e mais outro, e iam se juntar, formar outro maior, continuar assim até chegar no mar. O Amigo tinha razão. A água da nascente tinha muito mais segredos do que a água da banheira, ia ter peixes e plantas, lama e barcos, casas na margem e redes de pescar, remansos e cachoeiras, patos e poluição, caranguejos e lixo.

O Amigo parecia ter adivinhado os pensamentos de Miguel. Estava sorrindo para ele, um sorriso que Miguel não distinguia bem no meio de todo aquele brilho, mas que dava para sentir e reconhecer, como um gesto de carinho que sempre houvesse estado ao seu lado, como um anjo protetor, como uma lembrança de pai. Aí Miguel disse:

— É... A água dá para a gente olhar e ir sacando. Mas essa história de segredos da terra deve ser bem mais complicada.

— Não sei por quê. É tudo uma coisa só, água, terra, ar, plantas, bichos, gente. Uma coisa continua na outra. Olhe bem para a terra. Pense nela.

Miguel olhou, pensou e disse:

— É o lugar onde a gente pisa e não afunda, o lugar onde a gente vive. É nela que as plantas se agarram para viver.

Riu um pouco e acrescentou:

— Ah, tem mais... É dela que as plantas tiram comida para viver, e aí podem virar comida de gente ou de bicho, que então vai virar comida de gente, não é isso? Quer dizer, se não fosse a terra, a gente morria de fome.

— É... Mas esse é só um dos segredos da terra. A gente também morria sem água ou sem ar.

— Qual é mais forte? A terra, a água ou o ar? — quis saber Miguel.

Em vez de responder, o Amigo fez outra pergunta:

— Ou o fogo?

— O fogo das armas dos cavaleiros foi mais forte do que vocês. E o fogo dos vulcões pode ser mais forte que todo mundo.

— Mas, com o tempo, a água pode apagar o fogo e inundar a terra. A terra também pode apagar o fogo e secar a água. O ar pode formar ventanias e então...

Mas Miguel interrompeu:

— Sei, e o ar pode também tocar flauta de mamoeiro e me trazer para cá e tudo isso, e o tempo pode mais que todos eles, mas, afinal, você vai ou não vai me dizer quais são os segredos da terra? São os tesouros que estão lá dentro dela e os cavaleiros queriam? O ouro?

— O ouro, a prata, o ferro, o cobre, o estanho, o manganês, os outros metais, tudo isso é tesouro de um tipo que os cavaleiros estão sempre levando, mesmo quando não chegam mais a cavalo nem vestem mais armadura. Você já pensou nisso? Para vencer os metais da terra, o homem usa o fogo para derreter, a água para esfriar, o ar para soprar e dominar tudo. Aí, com a força do braço e a delicadeza da mão, o homem faz o que quer com o metal, a terra, o fogo, a água, o ar e tudo. Mas com essa mesma força ele também pode roubar de outros homens, não deixar que eles aproveitem os tesouros da terra.

— E esses outros homens não têm força também? — perguntou Miguel. — Por que é que eles deixam os cavaleiros levarem tudo?

Aí o Amigo segurou a mão de Miguel e chamou:

— Viu só como você está começando também a chegar perto dos segredos que a terra conta a nossa gente? Venha comigo, vou te mostrar umas coisas.

Já estava entardecendo, e o sol se escondia atrás das montanhas. À medida que seus raios se refletiam na terra, em diversas alturas, o chão ficava com reflexos diferentes: era como se o mundo inteiro fosse ficando amarelo, laranja, avermelhado. O Amigo estava menos brilhante. Mas, como estava esfriando muito, achou melhor vestir uma roupa, se cobrir com um poncho. Enrolou Miguel num cobertor, pendurou-o bem firme em suas costas, como se ele fosse um bebezinho índio, e disse:

— Vamos ver alguns segredos de nossa terra e de nossa gente. Primeiro você fecha os olhos e respira fundo, deixe todo esse ar daqui de cima da montanha encher seus pulmões. Depois, ouça com atenção. E depois, se segure firme e fique quieto, porque não vai poder se meter em nada do que a gente vai ver.

— Por quê?

— Porque são coisas que já aconteceram há muito tempo, e ninguém pode mudar o que passou. A gente só pode é ver com atenção, para ficar sabendo e não deixar acontecer nunca mais.

Miguel fez direitinho tudo o que o Amigo estava aconselhando. O som da flauta estava cada vez mais forte. O menino ficou curioso e ainda fez umas perguntas:

— Que som é esse?

— É a flauta que apressa a colheita, acalma os vulcões, afasta a tempestade, e leva a gente para qualquer tempo e qualquer lugar.

— Quem está tocando?

— Um pastor.

— Pastor de cabras?

— Não.

— De quê?

— De lembranças. Vamos, agora respire fundo, feche os olhos e vamos lembrar.

A música foi crescendo, crescendo em volta deles, rodando, girando, dançando, envolvendo. Era só fechar os olhos e começar a ver as lembranças, lembranças muito antigas.

Primeiro viram umas naus e caravelas chegando a uma praia e os cavaleiros desembarcando com seus cavalos, suas armaduras, suas armas. Tinham uma roupa de guerra feita de ferro, e de ferro cobriam a cabeça, e também de ferro tinham espadas, escudos e lanças. Os homens cor de fogo os receberam com muitas festas, como se os cavaleiros fossem convidados de honra ou deuses. Deram-lhes presentes: comidas gostosas, aves bonitas. Puseram seus melhores enfeites. E os enfeites tinham ouro, tinham prata, tinham esmeraldas.

    Miguel via tudo como se fosse um filme passando na sua frente, ou um sonho dentro de sua cabeça. Viu os cavaleiros fazerem sinal que queriam ouro e pediram mais ouro, ainda mais, sempre mais. Viu muitas e muitas vezes as matanças, os cavalos atropelando os homens cor de cobre, os cavaleiros massacrando, roubando tudo o que eles tinham, derramando muito sangue, acabando com cidades inteiras, mesmo com toda a luta – é que eles tinham canhões, mosquetes, arcabuzes, escopetas, uma porção de armas de nomes antigos, mas que matavam de maneira bem moderna. E isso ia acontecendo de forma parecida em muitos lugares diferentes de toda essa enorme terra de montanhas. Algumas vezes, os homens cor de cobre de outras cidades tinham notícias dessa destruição e se preparavam para resistir. Não adiantava nada: as armas dos cavaleiros de ferro e fogo eram muito mais poderosas do que a luta dos que estavam a pé. Outras vezes, os donos da terra acreditavam que os guerreiros de penachos e bandeiras eram amigos, os recebiam com honras e mandavam seus chefes esperá-los. Mas esses príncipes e imperadores eram aprisionados, e seu povo tinha que entregar todo o tesouro para libertá-los. E depois ainda vinham a traição e a morte, porque os cavaleiros não cumpriam as promessas e não libertavam ninguém. Só queriam o tesouro. E quando entravam nas salas do tesouro, tiravam as joias, os enfeites de pena, os escudos, os discos dourados, as meias-luas douradas dos narizes, as estrelas douradas dos diademas, os sóis dourados dos peitorais. E separavam todo o ouro de todos os objetos. E depois queimavam tudo para fundir o ouro em barras. E carregavam até o tesouro pessoal dos imperadores – o colar com enfeites pendurados, os anéis e braceletes decorados com penas dos pássaros sagrados, as correntes e pulseiras de ouro, a coroa de mosaico de turquesas. E depois, os cavaleiros pediam para ver as festas para os deuses. Mas, quando os homens cor de cobre se reuniam no templo, caíam numa armadilha: assim que iam saindo, os cavaleiros cortavam a cabeça deles, um por um... E muitas outras coisas horríveis assim. E eles achavam que ninguém ia ficar lembrando disso para sempre.

Miguel nem aguentava mais ver. Disse para o Amigo:

– Que é isso?

A voz do Amigo estava triste quando respondeu:

– É tudo verdade. Coisa que aconteceu mesmo, com nossa gente, há muito tempo. Na certa você vai estudar na escola isso quando crescer, aprender que esses cavaleiros foram grandes heróis da conquista de uma terra e de um povo. Nossa terra e nosso povo. Mas não é verdade. Eles não foram heróis. Eles foram os ganhadores. E escreveram a história. Mas mesmo do jeito que eles escreveram, dá para a gente saber que as coisas aconteceram assim como você está vendo.

– Você fala o tempo todo em nossa terra. Que terra é essa?

– Já te disse – respondeu o Amigo. – A terra de nossa gente. Tem vários nomes diferentes, tem paisagens diferentes, tem povos diferentes morando nela. Maias, astecas, mejicas, toltecas, incas, chibchas, aruaques, tucanos, ticunas, urubus, pataxós, camaiurás, xavantes, caingangues, muitos, muitos outros nomes, habitantes da montanha ou da planície, dos campos ou da floresta.

Com essa explicação, Miguel começou a entender um pouco mais, porque já tinha ouvido falar em alguns desses

nomes. Deviam ser todos índios. Os cavaleiros deviam ser os descobridores. Descobridor de quê? Que descoberta era essa? Será que antes a terra estava coberta? De quê? De ouro? Será que descobrir era levar o ouro embora? E deixar a terra coberta de sangue? Miguel tinha muitas perguntas na cabeça. Foi começando a botar essas perguntas para fora:

— Amigo, esses tucanos e urubus que você falou são os pássaros sagrados? Aqueles que davam as penas para enfeitar o tesouro do imperador?

— O que não falta por esta terra toda é pássaro bonito, sagrado de tão maravilhoso. Mas aquelas penas que a gente viu lá no tesouro do imperador — e pode ficar sabendo que o nome daquele chefe era Montezuma — eram penas de quetzal.

— Como é? Quetzal? — Miguel estranhou o nome esquisito.

— É pássaro sagrado mesmo. Tão brilhante que houve até quem achasse que ele era uma estrela.

— Engraçado. Logo que eu te vi, também pensei que você era um sol, uma estrela, uma coisa assim. Mas era o brilho do ouro que você estava vestindo naquela hora.

O Amigo continuava:

— O brilho do quetzal é dele mesmo, das penas, do papo cor de fogo, das asas e da cauda cor de esmeralda com reflexos dourados. As penas dele eram usadas nos enfeites mais sagrados, mas ninguém matava quetzal. É o pássaro da liberdade. Não se pode prender. Voa com a cauda ondulante, longa e leve. E o canto dele é parecido com o jeito dele voar. Ondulante. Como uma serpente. Uma serpente de asas. Um assovio ondulante no meio da floresta.

Isso lembrou outras perguntas que Miguel queria fazer:

— Esses povos são da floresta também? E da planície, como você falou? Por enquanto, vimos só os das montanhas...

— Mas continuando, nas montanhas nascem os rios, os rios correm pelas matas, atravessam as planícies, e esses povos todos são vizinhos e irmãos. A gente vai mudando muito pouco de um lugar para outro, vai só se vestindo diferente, à medida que fica mais frio ou mais quente, tem mais lã ou fibra para tecer, coisas assim. Mas agora chega de tanta pergunta. É hora de dormir, que ainda temos muita coisa pela frente.

Miguel lembrou que estava justamente tentando dormir, numa cama de verdade, quando toda aquela aventura começou. Ficou curioso e quis saber:

— Quanto tempo passou?

— Ah... Séculos...

Ele achou que o Amigo não tinha entendido bem. Resolveu perguntar de outra maneira. Estava pensando no tempo de sua aventura, não no tempo que já tinha passado desde a chegada dos cavaleiros.

— Quando é que eu volto para casa?

— Quando você quiser. É só querer. Agora mesmo, está querendo?

— Não, de jeito nenhum. Só queria saber quanto tempo vai durar essa nossa viagem.

O Amigo explicou:

— Estas viagens não duram tempo. Duram sóis e luas. Um de cada vez. Todos os que a gente precisar.

Tinha horas que era mesmo difícil entender o que ele dizia. Miguel repetiu com muita paciência:

— E quando é que você imagina que vão acabar os sóis e as luas que esta viagem vai durar?

A resposta do Amigo não chegou a esclarecer grande coisa:
— Amanhã de manhãzinha ou o ano que vem de tardinha ou no outro século de noitinha. Quer dizer, logo mais.

E como o Amigo se levantou para remexer na fogueira, Miguel se encolheu, se ajeitou bem no cobertor quente, e num instante estava dormindo. Desta vez sem sonhar com coisas complicadas. A não ser com suas tentativas de assoviar para fora – coisa que ele achava muito complicada. Mas que nesse sonho era fácil, um assovio ondulante e leve, como o voo do quetzal.

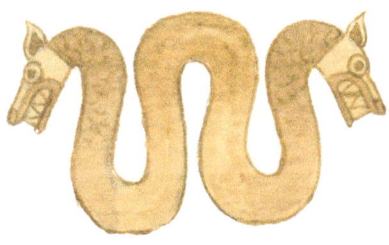

Na terra dos rios

Antes mesmo de abrir os olhos, Miguel já estava sentindo calor e umidade. Ouvindo barulho de insetos, gritos de pássaros, de vez em quando uma folha pesada ou uma fruta caindo do alto. Não foi surpresa ver que estava numa floresta, com o sol escondido pela sombra das árvores.

Ali por perto, um pássaro lindo estava pousado num galho meio baixo. Podia ser uma espécie de peru, capaz de abrir a cauda em leque quando veio para o chão. Ou de quetzal, com as penas ondulantes na hora em que voou. Ou de pavão, com desenhos de olhos brilhantes nas penas, como se estivesse prestando atenção em todas as direções. Ou de beija-flor, leve e com mais cores do que o arco-íris, e muito mais brilhantes, não tinha nem comparação. Ou de arara, tucano, saíra, qualquer dessas maravilhas de plumas. Não dava para saber. Mas era lindo, e contemplava Miguel com um ar de velho conhecido.

O menino tratou de procurar seu guia e companheiro para saber que ave era aquela:

– Amigo! – chamou.

Na certa o grito assustou o pássaro maravilhoso. Voou para o meio das árvores e desapareceu. No lugar onde tinha sumido, ouviu-se daí a pouco um ruído muito leve, de galho sendo afastado. E por detrás do galho surgiu um homem alto, caminhando em direção a Miguel, brilhante de várias cores, todo enfeitado de penas e com o corpo pintado de belezas. E um jeitão conhecido, uma cara amiga.

Miguel olhou melhor para ele. A pele era cor de cobre, avermelhada, e o corpo estava pintado de vermelho e preto. Na cabeça, um diadema de penas, bem no alto da testa, e mais um pente emplumado, com enfeites que pareciam flores também feitas de penas. Nas orelhas, brincos de pena. Não tinha máscara, mas um enfeite de osso atravessava sua narina e um adorno de plumas estava preso ao seu lábio inferior. Parecia até um pássaro mágico. O resto do corpo também estava coberto de joias feitas de penas. Pendurado no pescoço, cobrindo o coração, preso a uma fita de plumas, havia um apito entre dois feixes de longas penas de araras vermelhas. As plumas continuavam por pulseiras, braçadeiras e perneiras. Como um pássaro humano. Não admira que Miguel não tivesse reconhecido logo:

— Quem é você?

— Você já me viu antes...

— Estou achando um jeito conhecido, mas não consigo ter certeza direito. Acho que você é o pássaro que me trouxe na chuva, assoviando lindo, montado no vento, de pena macia como se fosse um colo gostoso.

— Pode ser...

— Ou será que você é aquela ave maravilhosa que andava por aqui ainda agora?

— Também pode ser...

Miguel olhou com mais atenção e riu:

— Pode ser, nada... Você está com todo esse jeito de pássaro encantado, toda essa beleza de penas, mas você é gente, não é ave. Sabe do que mais? Você é Amigo, estou conhecendo agora. Só que está muito diferente.

O Amigo também riu:

– Você está conhecendo mesmo. Conhecendo tudo, Miguel. As aves e os homens. Os segredos da terra. E os encantos.

– Não sei muito bem se eu estou conhecendo, não. Acho que é tudo uma coisa só, e não dá para entender muito bem.

O Amigo concordou:

– Nem sempre dá muito para entender, mas às vezes, mesmo assim, dá para saber. E tem coisas que você está sabendo. Por exemplo, está me conhecendo.

– Não tenho certeza. Acho que você é tudo junto, o Amigo vestido de sol e de ouro, de lã e de pena. E acho também que você é a Ave de olho nas penas.

– Isso mesmo – concordou o Amigo. – Sempre de olho nas penas do mundo.

– Nas penas do mundo? – repetiu Miguel, de novo sem entender muito bem. Às vezes o Amigo ficava muito misterioso mesmo. – E o mundo tem penas?

– Quem não tem?

Aí é que de repente Miguel entendeu e achou graça:

– Ah, sim, você está falando de outros tipos de pena... De gente que está penando, sofrendo, triste, chateada. De gente que tem pena dos outros. De gente que cumpre pena na prisão... Eu sei disso. Outro dia eu estava jogando com minha mãe um jogo de palavras e ela veio com essa, custei muito a adivinhar. É feito vela, que tem barco a vela, vela de motor, vela de acender, essas coisas. Gostei dessa, Amigo. Achei divertido. É isso mesmo. Todo mundo tem penas. E você é quem tem mais, porque tem também todos esses enfeites de pena de verdade. E ainda fica de olho nas penas do mundo.

— Você é que falou na Ave de olho nas penas...

— É... aquele pássaro que estava aqui antes, que às vezes parecia um pavão com um olho pintado em cada pena do rabo, um pássaro mágico, sei lá... Eu acho que é você, que vira gente e que vira pássaro. Já arranjei até um nome. Para ele, para você.

— Qual é?

— A Ave Que Vira.

Foi a vez de o Amigo não entender. Porque ele repetiu assim, como se fosse uma palavra nova, meio mágica:

— A Ave Kivira?

— É... Quivira... Você não acha que é um bom nome? Você vira gente, vira pássaro, vira assovio de flauta, vira colo de anjo para carregar a gente, vira povo antigo, vira amigo novo, vira tudo. E vira também as ideias que a gente tem na cabeça, pensando que estão arrumadinhas, vira tudo de perna para o ar.

— Como assim?

— Antes eu achava que o segredo da terra devia ser uma espécie de tesouro enterrado. Você revirou essa ideia, com as coisas que me mostrou. Estou começando a achar que é o sangue que nossa terra bebeu.

Quivira olhou Miguel com carinho e orgulho:

— Você é um menino danadinho... Eu não disse que você estava entendendo, começando a conhecer?

— Mas tem muita coisa que eu não entendo ainda. Quer saber de uma? Que lugar é este onde estamos agora? Não é o mesmo de ontem.

— Ontem? — estranhou Quivira.

— É. Aqui não é mais a terra das montanhas e dos vulcões.
— Não. É a terra dos rios e das florestas.
— E por que é que você está diferente e parecido?
— Pensa um pouco, Miguel.
— Deve ser porque quem mora aqui é diferente, e parecido com quem mora nas montanhas. Assim como se fosse irmão.
— Isso mesmo – confirmou Quivira. – Eu não disse que você aos poucos vai conhecendo tudo?

Mas ainda tinha muita coisa que Miguel queria saber:
— Aqui também chegou gente do outro lado do mar, com aquela conversa de dizer que estava descobrindo? Para no fim acabar só levando todos os tesouros?

Quivira explicou:
— Igualzinho. Os tesouros eram diferentes, mas o jeito de acontecer foi muito parecido. Sempre assim. Diferente e parecido. Como irmãos. Todos filhos do sol.
— Filhos do sol?
— Muitos sabem que são e contam isso. Outros têm outras histórias. Venha até aqui.

Quiviria saiu andando por entre os arbustos e cipós da mata, em direção ao rio. Miguel foi atrás, suando, com calor. Quando chegaram à beira da água, quis tomar banho, refrescar o corpo. Quivira disse:
— Quem entra nessa água pode virar muita coisa. Experimente só.

Miguel entrou no rio para tomar banho. Virou ticuna. Antes mesmo de os ticunas terem aparecido. No tempo em que só existia no mundo o grande espírito de Iute, que sempre tinha existido com os pássaros e as árvores, num lugar bonito e morno, sem sol nem chuva. Um dia, Iute foi tomar banho num

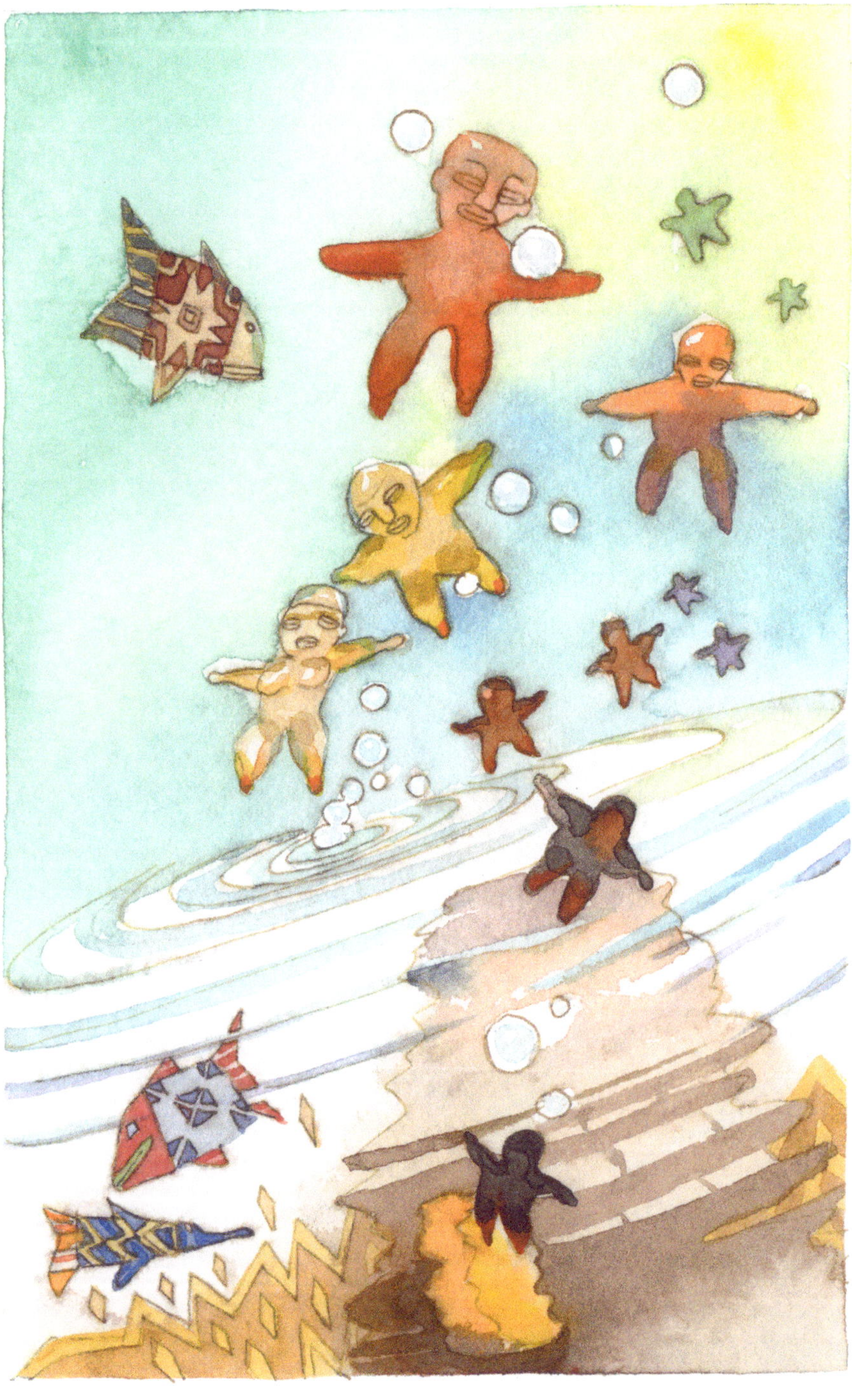

rio bem parecido com aquele. Quando se olhou na água, viu que estava ficando velho e ficou muito triste, pensando:

— Se eu morrer, a terra vai ficar muito sozinha e vai ser uma tristeza. Não é bom que isso aconteça.

E foi voltando para casa pensativo. Estava tão distraído que nem viu que, pelo caminho, um inseto mordeu seu joelho. Mas logo foi ficando com um sono muito grande. Tão grande que ele nem aguentou ficar em pé quando chegou em casa, e foi logo deitar na rede para dormir. Quando acordou, era bem tarde no dia seguinte, mas lute não conseguiu se levantar, porque o joelho doía muito e estava muito inchado. Quando ele olhou bem, viu que dentro da ferida inflamada tinha dois seres bem pequenininhos se mexendo. Aí ele perguntou:

— Quem são vocês? Como é que se meteram aí dentro?

Mas os dois não responderam. Estavam muito ocupados trabalhando e continuaram trabalhando, trabalhando, lá dentro do joelho de lute. Aí lute ficou zangado com aqueles dois que não falavam com ele e resolveu se levantar. Mas quando ficou em pé, não aguentou e caiu. Quando o joelho bateu no chão, estourou. E os seres pequenininhos saíram de dentro e começaram a crescer. Até que ficaram gente grande e começaram a ser o povo ticuna, com muitos filhos e conhecendo mais terras.

Miguel gostou de ter virado ticuna para saber disso. Mas resolveu dar outro mergulho no rio, só para ver o que acontecia. Dessa vez ele virou camaiurá. Antes mesmo de os camaiurás terem existido. No tempo em que só existia no mundo o grande espírito Mavutsinim. Tudo era muito bonito, mas Mavutsinim vivia muito sozinho. Um dia, ele fez uma concha virar mulher e casou com ela. Quando nasceu o filho deles, Mavutsinim resolveu que o menino ia ser o pai de todos os camaiurás. E é por isso que os camaiurás são netos de Mavutsinim.

Miguel gostou de ter virado camaiurá para saber disso. E ficou querendo virar juruna e maué e caapor e beiço de pau e arara e cinta larga e carajá e canela e cadivéu e todo tipo de índio para saber na pele molhada como todos tinham começado e como tinham aparecido os bichos todos, e o sol e a lua, e a noite e o dia, e como os homens tinham conseguido o fogo em cada lugar e como tinham surgido o milho e a mandioca, e o guaraná e o urucu.

Mas Quivira já estava chamando:

— Vamos, Miguel. Não pode ficar aí a vida toda.

Bem que Miguel reclamou:

— Ainda nem vivi as histórias dos filhos do sol.

Quivira disse:

— Um dia você vai ter tempo. Ainda temos muita água pela frente. Muita água, muito ar e muita terra.

Miguel insistiu:

— Só mais um pouquinho...

— Está bem. Mas não demore. Desta vez só se molhe um pouco.

Miguel molhou o rosto no rio. Nem chegou a virar de tribo nenhuma. Só viu um grande espírito que vivia num mundo sozinho e resolveu fazer os homens. Foi fazendo uma porção de bonequinhos de tabatinga, aquele barro gostoso de brincar na beira do rio. E os bonequinhos tinham corpo de homem e corpo de mulher. Ia fazendo e botando no forno para secar. Primeiro, ficou muito impaciente, não aguentou esperar muito tempo para ver o resultado do seu trabalho. Tirou logo os bonecos do forno e eles ainda não estavam prontos, eram ainda muito desbotados, branquelos. Viraram gente e saíram pelo mundo, os homens brancos. Aí, para isso não acontecer de novo, o espírito resolveu dar bastante tempo para toda aquela gente ficar pronta. Acabou deixando assar demais: a fornada ficou inteirinha de bonequinhos pretos, os homens negros que saíram também pelo mundo. Da terceira vez, o espírito tinha aprendido o tempo que queria esperar e prestou bastante atenção. Na hora certa, quando os bonequinhos de barro saíram do forno, estavam como ele queria: vermelhinhos, corados, na cor da terra. Aí viraram índios de todas as nações e saíram por aí, povoando a terra dos rios e das florestas.

A voz de Quivira interrompeu:

— Vamos, Miguel...

— Espera aí, acho que agora vem uma história de jaguar. Eu ia virar caçador de onça se você não me interrompesse.

Quivira achou graça:

— Miguel, meu amigo, tem tantas histórias nessas águas que não tem mais fim. Isso é trabalho para você continuar depois, pela vida afora, descobrindo essas histórias todas. Mas agora eu ainda quero te levar por outras terras.

— E eu não quero sair daqui. Acho que esta terra é minha terra, Quivira. Junto com aquela outra que bebeu o sangue que os cavaleiros derramaram. Eu tenho muitos países, sabe, Quivira? Às vezes eu ficava até sem saber de onde eu sou mesmo. Mas agora eu estou sabendo, muito de verdade, que eu sou destes lugares onde você está me trazendo. Da terra das montanhas e dos vulcões, e desta outra ao lado, a terra do grande rio e da floresta. As terras dos homens cor de fogo. Estou gostando. Agora eu sei que aqui é meu lugar.

Quivira quis saber:

— Você não gostava daquele lugar onde morou antes? Da terra das cidades e dos campos, da terra dos homens de cabelos de mel?

Miguel pensou um pouco:

— Gostava. Isso é verdade, gostava. Também é um pouco minha terra. O colégio era bom, eu tinha amigos. Mas acho que nestas terras que você está me mostrando estas histórias são mais minhas, a gente é mais parecida comigo. Como irmão. Vai ver, é isso, eu também sou filho do sol. Quero ficar mais aqui.

Quivira apressou:

— Miguel, nós não temos muito tempo. Só o tempo que dura uma tempestade, uma ventania, uma trovoada. Precisamos aproveitar isso.

O menino insistiu:

— Ainda quero ficar mais, olhando dentro do rio, mergulhando e virando índio.

Quivira teve uma ideia:

— Então vamos fazer o seguinte: você sabe naquele galho de árvore que está debruçado em cima do rio e fica olhando lá para dentro da água.

Mesmo sem entender por que, Miguel fez o que o Amigo estava sugerindo. Mas foi perguntando. O outro começou a explicar:

— Já lhe disse que essa água tem poderes mágicos. Agora é hora de sairmos daqui, vamos de novo viajar no vento. Por isso, em vez de você se molhar, você desta vez vai se refletir na água. E o vento nos leva.

O vento já vinha chegando. Miguel já estava ouvindo de novo a flauta encantada, o assovio dos meninos e dos pastores de lembranças, aquele mesmo som que tinha aparecido na janela da casa da avó e, depois, no alto da montanha. De cima do galho da árvore, viu quando a ventania foi tirando as penas que enfeitavam Quivira, fazendo todas elas se espalharem e se arrumarem de novo, girando num rodamoinho, e formando outra vez o pássaro mágico, de olho nas penas, que levantou voo e foi-se afastando. Ao mesmo tempo, todo refletido na água, Miguel foi sentindo também que todas as gotinhas com sua imagem iam subindo do rio, cada vez mais leves, se evaporando, virando nuvem que num instante o vento estava soprando para bem longe, por cima da terra da floresta e dos rios, por cima de um mar enorme, tão grande que até parecia que não acabava nunca mais.

Depois de muito tempo, quando a nuvem-Miguel já estava até cochilando naquele passeio macio, sentiu que começava a descer. Não sabia nem se era uma chuva ou neblina, mas era devagarzinho. Chovia e fazia sol ao mesmo tempo e as gotinhas de Miguel foram vibrando e se enchendo de cores no arco-íris que escorregava do céu para a terra. Quando finalmente pisou no chão, cansado de tanto ver e viver, de tanto se transformar e viajar, Miguel resolveu dormir até que a noite viesse e se fosse e o dia amanhecesse. Assim, no dia seguinte, ia poder procurar o amigo Quivira, que devia estar em algum lugar ali por perto.

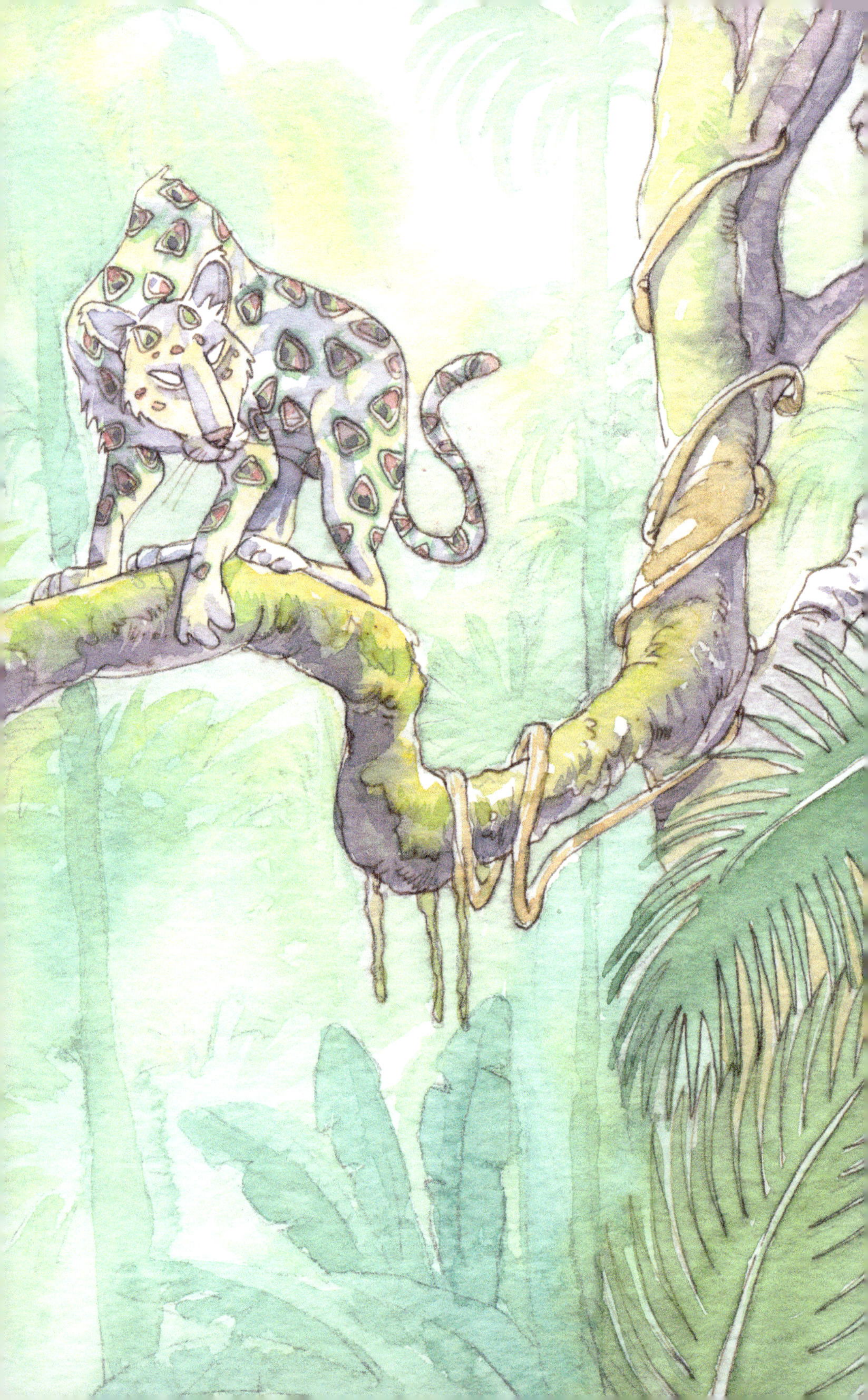

Na terra das savanas

Do outro lado do mar, no lugar onde Miguel acordou já sem sombra de ter sido nuvem, a paisagem era uma espécie de campo com vegetação rala. De vez em quando, havia uns tufos de arvoredo mais espessos; algumas árvores mais altas. Meio longe, uma porção de bichos se mexiam, pastando juntos.

— Será que aquilo é uma boiada? — perguntou Miguel em voz alta.

— Não. É uma manada de zebras e antílopes. Mais adiante, lá pelo meio das árvores, tem girafas. E tem muitos outros tipos de bichos por aí: elefantes, gazelas, gnus, búfalos, javalis, leões... — disse uma voz que parecia vir de um arbusto ali perto e que, pelo jeito, era de alguém que estava com muita vontade de conversar.

Miguel foi logo cumprimentando todo contente:

— Oba, Quivira, que bom que você já chegou!

— Cheguei nada. Eu sempre estive por aqui e meu nome não é Quivira.

A esta altura Miguel já estava acostumado com o troca-troca do Amigo e nem se espantou:

— Mudou de novo, é?

— Nada disso. Sempre foi Ananse. Acho que na sua língua quer dizer Aranha.

Aí Miguel reparou melhor. Realmente, a voz vinha do centro de uma teia entre os ramos do arbusto, onde uma aranha olhava para ele, quase imóvel, com as pernas muito longas e finas. E era muito diferente de Quivira e de todas as formas pelas quais o Amigo já tinha se apresentado. Desta vez Miguel teve certeza mesmo de que era alguém diferente. Ananse continuava:

— Eu é que guardo todas as histórias desta terra.

— Você? Por quê?

— Porque há muito tempo, quando os deuses ainda eram os únicos donos de tudo, até das histórias, eu resolvi ir buscar todas elas para contar ao povo. Foi muito difícil. Levei dias e noites, sem parar, tecendo fios para fazer uma escada até o céu. Depois, quando cheguei lá, tive que passar por uma porção de provas de esperteza, porque eles não queriam me dar as histórias, que viviam guardadas numa enorme cabaça.

— Numa cabeça, você quer dizer...

— Não. Os homens é que inventaram esse jeito de guardar as histórias na cabeça, de onde ninguém pode tirar. Mas os deuses guardavam numa grande cabaça. Pois bem, como eu acabei passando por todas as provas, consegui vencer e ganhei a cabaça com todas as histórias do mundo. Na volta, enquanto eu descia a escada, a cabaça caiu e quebrou, e muitas histórias se espalharam por aí. Mas quando eu conto, vou desenrolando o fio da história de dentro de mim, e por isso sai melhor do que quando os outros contam. Por isso, todo mundo pode contar, mas toda aldeia tem alguém como eu, algum Ananse que também conta melhor essas histórias. E quem ouve, também sai contando, e fazendo novas, e trazendo de volta um pouco diferente, sempre com fios novos, e eu vou ouvindo e tecendo, até ficar uma teia bem completa e bem forte. Só com uma teia assim, toda bonita e resistente, é que dá para aguentar todo o peso do povo de uma aldeia, de uma nação, de uma terra.

Miguel estava achando aquela conversa interessantíssima. Sentia que seria capaz de ficar dias e dias, sóis e sóis, luas e luas, ouvindo Ananse, sem nunca cansar. E prestando bastante atenção, para depois repetir para os outros, inventar também, e ajudar a fazer a teia de histórias capaz de sustentar todo o povo de uma terra. Ficou curioso de saber como teriam sido as provas de esperteza de Ananse quando ela foi buscar no céu a cabaça de histórias. Mas antes de perguntar, ouviu um barulho muito de leve pelo meio das árvores, sentiu um cheiro diferente, de bicho grande, mas foi tudo tão de mansinho que o menino nem mesmo teve certeza de que tinha realmente percebido alguma coisa. Mas Ananse fez um comentário que confirmou:

— Lá vem seu Amigo.

Miguel prestou atenção, procurando um guerreiro enfeitado de alguma forma diferente (estava achando que provavelmente nessa terra seria um negro imponente). Ou então, quem sabe, apareceria a ave encantada, com penas novas. Mas o que saiu do meio das árvores foi um gato enorme, claro, com a marca da sombra de todas as folhas no pelo, que ficava todo manchadinho, salpicado de escuro no fundo ensolarado. Miguel ia dizer que Ananse estava enganada, que aquele gatão não era Quivira. Mas quando o animal chegou mais perto, ele viu que as manchas nas costas do bicho não eram sombras de folhas, e sim um desenho muito semelhante a algo que ele já conhecia. E falou:

— Estou te conhecendo, Amigo. Você é Quivira, que também é guerreiro dos homens cor de fogo, e também é a ave de olho nas penas. E agora é o gato de olho no pelo.

— De olho no que vai pelo mundo — completou Quivira. — Agora sou leopardo.

— Parece uma onça, um jaguar, como os que eu vi dentro da água do rio encantado, nas histórias sem fim que ainda não tive tempo de viver.

— Leopardo não é Jaguar. Mas é tudo parecido. Irmão, primo, cada um numa terra, de um lado da grande água do mar, debaixo do sol forte. É tudo grande que pisa macio e espera a boa hora de atacar. Gato que se esconde pelo sol e pela sombra, e traz o dia e a noite misturados no pelo. Gato que descansa preguiçoso e avança quando o inimigo não espera ou pensa que ele está longe. Tudo parecido, irmão, primo.

Ananse ouviu falar em primo e já começou a desfiar uma de suas histórias:

— Vocês sabem que o Lagarto é primo do Nchapi?

— Não sei nem o que é Nchapi — disse Miguel —, quanto mais quem pode ser primo dele.

— Nchapi é um passarinho desta terra de savanas e matas, e ele canta assim: "minha-cunhada, minha-cunhada, minha--cunhada..."

— Se ele é passarinho, como é que pode ser primo do Lagarto? Não combina.

Ananse foi contando a história:

— O Nchapi gostava de falar com todo mundo. Toda vez que a mulher do Lagarto passava, ele cantava desse jeito dele. Ela ficou zangada e foi reclamar com o marido. Aí o Lagarto veio falar com o Nchapi todo bravo, querendo até avançar no passarinho: "Vamos deixar de confianças com a minha mulher.

Quem você pensa que é para vir falar conosco? Onde já se viu chamar minha mulher de cunhada? Você pensa que eu sou seu irmão, não é? Não vê como nós somos tão diferentes?" Mas o Nchapi continuava a cantar: "minha-cunhada, minha-cunhada, minha-cunhada..." Então o Lagarto foi se queixar ao Juiz. E o Juiz pediu ao Nchapi para se explicar. Aí o Nchapi se defendeu assim: "Nós somos da mesma família, sim. Eu nasci de um ovo, o Lagarto também. Eu não tenho orelhas, o Lagarto também não. Só que eu voo e ele anda no chão, eu tenho penas quentes e ele tem a pele fria. Mas não é melhor do que eu". O Juiz achou que ele tinha razão e disse que o Lagarto não podia mais reclamar. E desde esse dia, o Nchapi pode cantar "minha-cunhada, minha-cunhada, minha-cunhada..." para todo mundo que nascer de um ovo.

Miguel gostou da história, mas estava querendo conversar mais com Quivira:

— Você fez boa viagem? Eu vi quando a ventania espalhou suas penas todas, por todo canto...

Mas nem deu tempo para que o outro respondesse e foi contando todo animado:

— Minha viagem foi ótima, Quivira, sua ideia de me refletir no rio foi maravilhosa. As gotas d'água foram se evaporando com a minha imagem e me suspenderam. Fiquei levinho, levinho... O vento me trouxe. Viajei em nuvem, desci para o chão num escorrega de arco-íris. E estava aqui conversando com Ananse, que sabe cada história incrível, você nem imagina, Quivira. Dá para ficar o resto da vida ouvindo, tem todas as histórias do mundo.

Ananse corrigiu:

— Não é bem assim, Miguel. Todas as histórias do mundo não ficam guardadas numa cabeça só, por maior que seja.

Ficam é em todas as cabeças do mundo. É preciso trocar os fios pra lá e pra cá, trançar o que cada um vai tecendo. Se não, ninguém faz teia nenhuma. E num fio solto ninguém pode morar. Para se ficar vivendo, precisa uma teia.

Quivira lembrou uma coisa:

— Você gosta mesmo de história, hein, Miguel? Lá na beira do rio, na terra das florestas, você não queria sair de lá de jeito nenhum, mesmo quando eu disse que esta terra do lado de cá também é sua, e você precisava conhecer.

— Por falar nisso, que terra é esta?

— É a terra das savanas e das matas, a terra do outro lado do grande mar, a terra dos homens cor da noite.

— Também são filhos do sol?

— Também... Com outras histórias, mas sempre parecidos.

— Tudo irmão?

— Tudo irmão. Ou, pelo menos, primos.

Ananse riu e lembrou:

— Muito mais do que Nchapi e o Lagarto. Muito mais mesmo. E não precisa ir a Juiz nenhum para saber disso.

Com esse comentário, Miguel ficou pensando que as histórias de Ananse pareciam que não tinham nada a ver com as coisas verdadeiras, pareciam só histórias inventadas para a gente se distrair, mas que, quanto mais a gente pensava nelas, mais via que elas falavam de coisas da gente mesmo. Ao mesmo tempo, queria saber das coisas que tinham acontecido de verdade naquela terra com a gente dali, e perguntou:

— Me diz uma coisa, Quivira: esses homens cor da noite aqui desta terra, será que eles também tiveram que enfrentar os cavaleiros de ferro que vinham atrás dos tesouros?

— Também, Miguel, também... – suspirou Quivira. – E durante mais tempo ainda. E de uma maneira ainda mais terrível.

— Mais terrível é impossível.

— Você tem razão. Não dá para a gente medir e comparar essas coisas. Tudo é igualmente muito terrível. Mas o que eu queria dizer é que aqui muitas vezes o tesouro carregado eram eles mesmos.

— Como assim?

— Escravidão. O inimigo aqui não vinha de armadura, vestido de ferro, montado a cavalo, procurando Eldorado, mas tinha as mesmas armas de fogo e a mesma crueldade. Chegava de navio, com correntes e chicotes, carregando o povo todo para bem longe, para trabalhar a vida toda de graça construindo a riqueza dos homens que já tinham tomado as terras dos homens cor de fogo lá do outro lado do mar. Separava famílias, maltratava todo mundo, batia, torturava, matava. E mesmo quando acabou a escravidão, o inimigo continuava por aqui, dominando, roubando, matando.

— Então quer dizer que esta terra daqui também bebeu muito sangue?

— Também, Miguel, também... — Quivira suspirou de novo. — E aquela terra de lá também bebeu muito sangue do povo daqui, tem os segredos e as dores dos dois lados do mar.

Quando ouvia falar nessas dores, Miguel ficava com uma tristeza, uma vontade de fazer alguma coisa que ele mesmo não sabia o que era, mas que esperava descobrir um dia. Foi assim que ele se sentiu nessa hora. Ananse desconfiou e resolveu distrair o menino:

— Quer ouvir uma história?

— Quero sempre.

— Então vou contar uma história de Leopardo, em homenagem aqui ao seu amigo Quivira. Está bem?

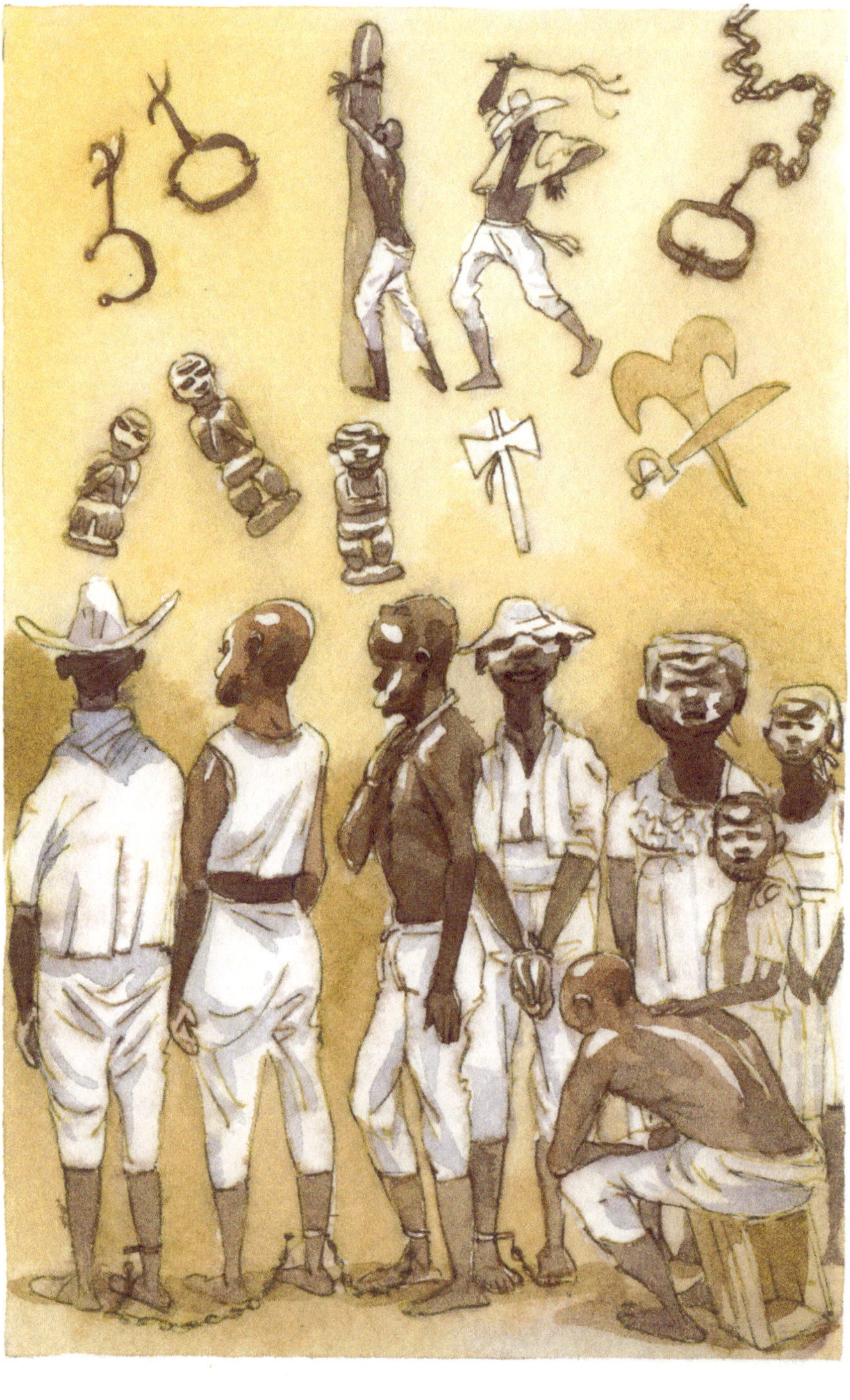

— Está ótimo.

Assim, Ananse começou a desfiar sua história:

— Muito tempo atrás, o Leopardo não tinha garras. Bicho nenhum tinha garras, nem veneno, nem nada que pudesse fazer mal aos outros, arranhar, morder, dar coice, picar. Não precisava, porque nesse tempo todos eram amigos e viviam em paz. Só o Cachorro é que já tinha esses dentes grandes e afiados que ele tem hoje, mas não tinha passado na cabeça de ninguém que isso pudesse servir para atacar outro bicho. E todos viviam muito bem. Um dia, o Leopardo teve a ideia de que todos os animais deviam construir uma casa grande para morarem juntos. Fez a proposta e os outros concordaram. O Antílope concordou, a Tartaruga concordou, a Gazela concordou, o Coelho concordou, a Zebra concordou, a Girafa concordou, o Javali concordou, e assim por diante. Um por um, cada bicho era consultado e dizia que sim, que achava uma boa ideia fazerem juntos uma casa para todos. Até que chegou a vez do Cachorro. E ele foi o único que disse que não queria saber de fazer nada junto com os outros, que não via nada de bom naquilo. Aí o Leopardo explicou: "Se formos muitos, arranjaremos mais comida para todos. Se vier um inimigo e nós estivermos juntos, podemos nos defender melhor. Se tivermos uma casa, podemos nos proteger da chuva, do frio, do vento e do sol forte". Mas nem assim o Cachorro concordou. E não ajudou. O Antílope ajudou, a Tartaruga ajudou, a Gazela ajudou, o Coelho ajudou, a Zebra ajudou, a Girafa ajudou, o Javali ajudou, e assim por diante. Um por um, cada bicho ajudou. Um trouxe palha, outro trouxe lama, outro trouxe varas, outro trouxe pedras, outro trouxe musgo, cada um trouxe uma coisa.

E cada um fez também uma parte da casa. Todos. Menos o Cachorro. Quando a casa ficou pronta, os bichos foram morar lá dentro, muito contentes. Até que veio uma grande chuva, que deixou tudo encharcado, só os bichos dentro de casa é que estavam secos. Aí o Cachorro veio bater na porta e pediu para entrar. "Não! Não pode!", gritaram todos. E mais: "Você não fez nada para ajudar". Então o Cachorro ficou zangado e resolveu usar os dentes dele para atacar. O Leopardo, que era o mais corajoso, tentou defender todos. Mas ficou todo mordido e arranhado, levou uma surra, e foi expulso da casa, ferido e envergonhado. E a Tartaruga, bicho que se arrasta e não tem pescoço, foi logo dizendo: "Agora o Cachorro é o dono da casa e nosso chefe, porque ele é o mais forte e pode nos proteger". Os outros concordaram. Enquanto isso, o Leopardo foi para bem longe, até a aldeia dos homens. Lá, pediu ao homem-ferreiro que fizesse armas para ele. E o homem fez. Foi assim que o Leopardo ficou tendo uma garra em cada dedo e então ficou achando que já estava pronto para viver sozinho no mundo, porque já podia se defender. E tratou de procurar um canto isolado onde pudesse ficar em paz. Mas lá na casa, os outros animais não estavam mais concordando muito com a proposta da Tartaruga. Sentiam falta das boas ideias e da esperteza do Leopardo, da paciência dele e do jeito que ele tinha para fazer as coisas junto com os outros. Achavam que um chefe não precisa só ser forte, mas, principalmente, tem que ser sábio. E tanto falaram que o Cachorro se convenceu de que seria útil ter alguém esperto dentro da casa. Então mandou chamar o Leopardo. Os bichos procuraram, procuraram e, quando finalmente encontraram, ele veio junto. Quando o Leopardo chegou, o Cachorro disse assim: "Fiquei com muita

55

pena de você, sozinho no mundo, se molhando na chuva. E como eu sou muito bondoso, resolvi lhe perdoar se você prometer que vai ficar bonzinho daqui para a frente e jurar que vai sempre me obedecer. Peça perdão e seja obediente, que eu deixo você vir morar de novo na casa, com todos os outros bichos". Então o Leopardo disse: "Você não pode resolver nada nesta casa, porque ela não é sua. Dono é quem faz, não é quem toma. Esta casa é de nós todos, menos sua. E se nós quisermos, desmanchamos tudo". Quando ele disse isso, o Cachorro avançou para cima dele. Mas aí o Leopardo já tinha garras e já sabia que tem horas que é preciso usar as garras. Usou. E usou bem. Ao mesmo tempo, cada animal tirava da casa o que tinha trazido, e ninguém defendeu o Cachorro. A casa acabou caindo em cima dele, que saiu correndo, para bem longe, ganindo e gemendo até chegar à aldeia dos homens. Lá, pediu ao homem que, por favor, tomasse conta dele, que ele prometia ser bonzinho, fiel e obedecer sempre. E até hoje é assim: o Cachorro faz tudo o que o homem quer, em troca de comida, casa e proteção. Os bichos não moram mais juntos e cada um cuida de si. O Leopardo usa as garras e se protege na selva, onde vive escondido, imitando a sombra das árvores no seu pelo, e só aparece de repente, na hora que ele escolhe.

Miguel ouviu a história e ficou olhando para o Leopardo Quivira, sentindo um carinho muito grande, pensando em tantas coisas que tinha aprendido com ele e com Ananse. Tinha muita coisa mesmo para pensar, por muito tempo ainda. Depois dos segredos da terra, os mistérios dos bichos e dos homens. Segredos da caça e do caçador. Mistérios da beleza, da força da rapidez. Mistérios de construir juntos e de multiplicar olhos e histórias para se defender. Coisa demais para pensar de uma vez dentro de uma cabecinha de oito anos, dois pais e uns cinco países pelo menos. Coisa demais. Para continuar pensando todo dia, enquanto vivesse. Ia ter pensamento, lembrança e pergunta para muito tempo ainda. Mesmo porque, agora, tempo era coisa que não estava sobrando. Quivira já chamava:

— Vamos, é hora de voltar.

— Por quê? Só temos o tempo de uma ventania? Não estou ouvindo a flauta.

— O tempo de uma chuvarada. Ouça os tambores — respondeu Quivira.

Ananse explicou:

— Os tambores das aldeias dos homens estão tocando.

Para Miguel, o barulho parecia de trovão. Mas não dava para ir ver. Quivira insistia:

— Vamos, está na hora.

Miguel lembrou do pai Luís com pressa, quando moravam na terra dos homens de cabelo de mel, atrasado para não perder o trem para o trabalho:

— Está na hora do trem das sete?

Ananse riu:

— Está sempre na hora de alguma coisa. Do trem das sete ou das onze. Do mosquito das seis da tarde. Do galo das cinco da manhã. A hora que importa é a da gente, não é a dos números.

— Isso mesmo — aproveitou Quivira. — Está na hora da gente. Hora da chuvarada de ir para casa. Venha. Monte em mim que eu levo você.

Nesse momento, Miguel reparou que Quivira estava criando asas. Então ia ter mais essa novidade, ele ia voltar para casa de carona num leopardo alado e voador, sempre misterioso para se decifrar. Despediu-se de Ananse e lá se foi

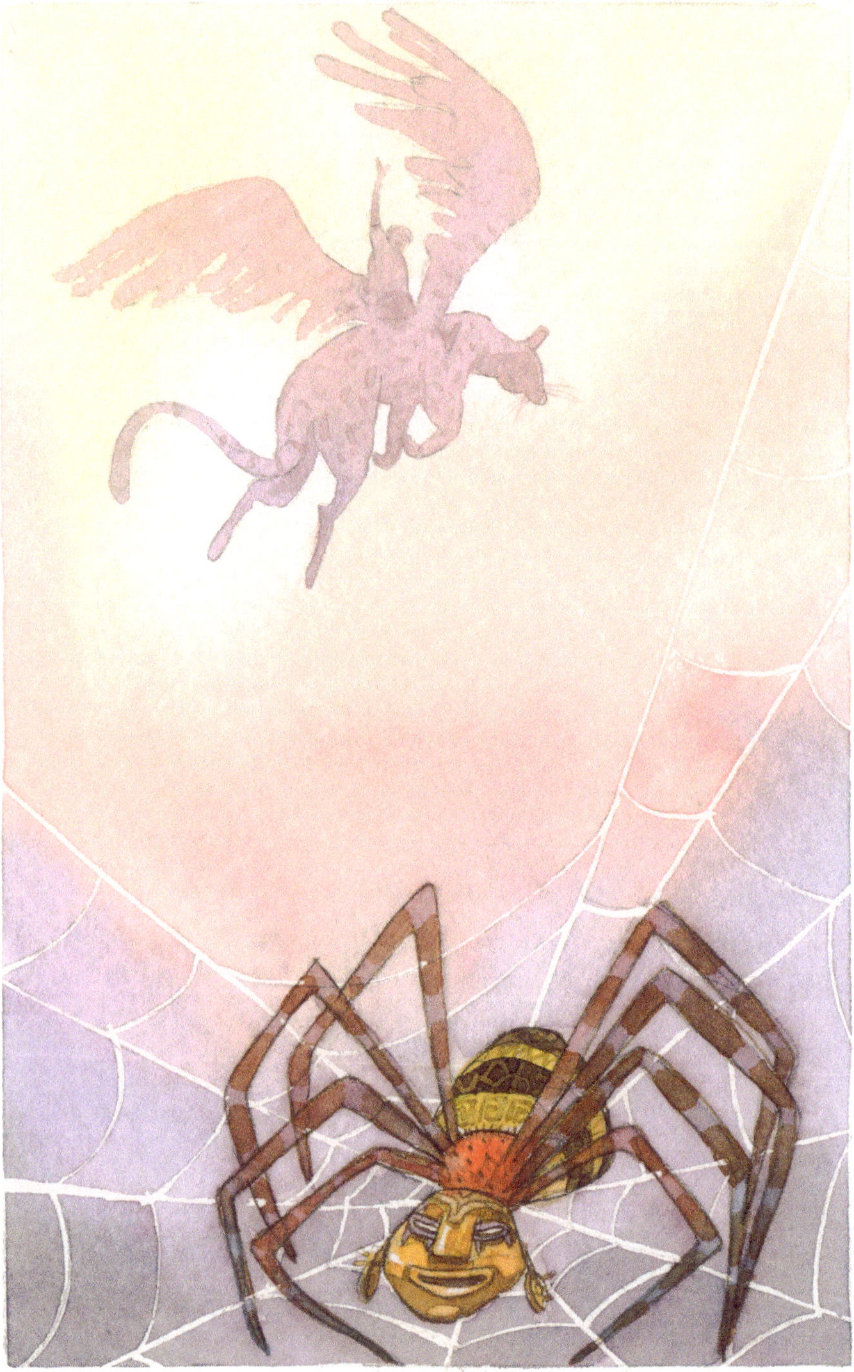

pelos ares com Quivira, que aos poucos ia novamente se transformando na ave encantada e maravilhosa, de voo leve e veloz, de penas macias e colo gostoso.

Pelo meio do voo, Quivira deu a Miguel um presente. Uma forma perfeita, branca e lisa.

– Tome, é para você. Do fundo de meu coração, de dentro de mim, para você.

Estava bem escuro, Miguel não conseguia ver direito o que era. Pelo tato, sentiu a forma, mas quis conferir:

– Que é isso?

– Um ovo.

– De lagarto ou de Nchapi?

– Um ovo de Quivira. Como todo ovo, o começo de toda vida. De sua vida também. Faça com ele o que quiser.

– Quero saber como é e ver o que tem dentro, mas agora está tão escuro...

– Não faz mal. Ele vence a escuridão.

Aí Miguel, em pleno voo, partiu o ovo no meio da noite. A clara escorreu para um lado e virou um fiapo de lua no céu. A gema ficou inteirinha guardada na concha da mão.

– Já sei o que vou fazer com isso – disse o menino, comovido. – Como sou filho do sol, também posso fazer um sol ser meu filho. Vou jogar no mar para nascer um sol bem amarelo, redondo e brilhante. Como se fosse de ouro.

Assim fez. E da gema amarela, redonda e brilhante nasceu o sol aquele dia. E Miguel sabia que o sol e a lua eram dele, que a noite e o dia eram dele, que as terras dos dois lados do mar eram dele com todos os seus segredos, e que ele fazia parte também dos homens dos dois lados do mar com seus mistérios. Todos filhos do sol. E o voo de Quivira era tão suave que parecia um colo de mãe. Ou de pai. Dava para pegar no sono feito bebezinho bem pequeno.

Quando acordou, sonolento e se espreguiçando, tranquilo e descansado, estava numa cama quentinha, na penumbra gostosa do quarto na casa da avó. O vento e a chuva tocavam lá fora sua canção da tempestade, e ele sabia que era também a flauta do pastor de lembranças e os tambores da aldeia dos homens.

E sabia que o sol ia nascer, quando passasse a chuva. Um sol bem amarelo, redondo e brilhante. Como se fosse de ouro.

E sabia que de noite podia ter lua bem clara, escorrendo cada vez de uma forma diferente.

E sabia que às vezes pode ter arco-íris ligando os dois lados da terra. Com todas as cores, como um pássaro mágico de penas brilhantes e voo leve e macio.

Antes ele já sabia essas coisas, mas de outra maneira. Agora conhecia de perto, de dentro, como a gente conhece um Amigo.

Miguel estava feliz. Deu vontade de cantar, tocar, fazer qualquer música. Experimentou assoviar para fora. Conseguiu. Agora a canção do vento e de Quivira morava também dentro do peito dele.

A avó entrou no quarto, viu que ele já estava acordado e sorridente, e perguntou:

— Com que foi que você sonhou?

— Com minha terra, vovó.

Ela quis saber:

— Com qual?

— Com todas elas... — respondeu Miguel. — Quer dizer, com a minha terra de verdade.

Ela achou meio esquisita aquela explicação, e pensou que, se perguntasse mais, o neto ia contar coisas que ajudariam a entender melhor. Insistiu:

— E com que mais você sonhou?

Miguel pensou um pouco, deu um sorriso, e foi falando devagar:

— Sonhei com um Amigo, de olho nas penas do mundo, que sabe descobrir os mistérios do sangue na terra e guardar os segredos das garras dos homens.

A avó olhou espantada e ele continuou:

— Um Amigo que pode ser forte ou delicado, que sabe das horas de se esconder e ficar sozinho e das horas de fazer coisas junto com os outros, que se disfarça no meio da selva, que cada dia pode aparecer de um jeito diferente, quando a gente menos espera. Mas que eu sempre vou conhecer em qualquer lugar, mesmo que cada um chame de um nome diferente.

Parecia uma brincadeira de adivinhar, mas a avó não conseguia descobrir e perguntou:

— E como é que ele se chama mesmo?

Miguel sentou no colo da avó, passou os braços em volta do pescoço dela num carinho bom como o abraço de Quivira e completou a brincadeira:

— Você chama de filho. Eu chamo de pai.

Palavras da autora sobre esta história

Escrevi este livro em poucos dias. Ou em muitos anos, depende do ponto de vista. Porque a história dele é comprida.

Meu segundo filho nasceu no exílio, na França, em 1971. E um dos meus sobrinhos também – inspirador direto do Miguel, que é o personagem principal deste livro, ele nasceu no mesmo ano no Chile porque os pais estavam lá, refugiados da ditadura brasileira. Aí começou uma ditadura no Chile, os militares apreenderam os documentos das crianças, e a família, ao se exilar e se dispersar novamente, teve que buscar nova papelada e viver outras realidades. Sorte que meu sobrinho, a essa altura com certidão de refugiado da ONU, encontrou outro pai (que não podia ser melhor, no carinho e na dignidade). Mas custou um pouco mais a encontrar seu verdadeiro país, em meio a tanta turbulência. E a perguntas demais para sua cabecinha.

Fiquei querendo explicar a ele por que era brasileiro, apesar de tudo. Eu tinha várias ideias dispersas, para uma história, mas não conseguia arrumá-las. Em 1979, no dia em que foi assinado o decreto da anistia, que permitia finalmente a volta dos exilados, eu já tinha voltado ao Brasil, era jornalista e trabalhei o dia todo na cobertura do assunto. De noite, ao chegar em casa exausta, não conseguia dormir. Levantei-me e fui para a máquina de escrever, onde a primeira frase deste livro jorrou pronta. As outras foram se encadeando. Em menos de uma semana, o primeiro rascunho do livro estava pronto. Depois foi só trabalhar o texto.

Era um assunto que mexia tanto comigo, que resolvi dar a ele um voo mais alto e enviei o livro inédito para concorrer ao Prêmio *Casa de Las Américas*, em Cuba. Não havia a categoria de literatura infantil e eu resolvi enfrentar a produção literária para adultos. Acabei ganhando, numa exceção que ajudou a chamar a atenção para a qualidade dos livros que se faziam para crianças no Brasil.

Aí começou outra batalha. Como tinha sido premiado em Cuba, o livro passou a assustar os editores por aqui, com medo de represálias da nossa ditadura. Depois de três rejeições, foi publicado pela Salamandra, com carinho, entusiasmo e excelente qualidade. Foi então premiado no Brasil, traduzido em várias línguas e fez bastante sucesso. E agora vem de cara nova, ilustrado por um chileno, festejar a democracia. Quando me pedem para explicar as ciscunstâncias em que ele foi escrito, fico muito feliz. Que bom que hoje a ditadura e o exílio são coisas tão distantes que a gente até precisa explicar! Mas sempre é bom lembrar, para não se repetir.

Ana Maria Machado
www.anamariamachado.com

Há mais de 40 anos Ana Maria Machado vem conquistando reconhecimento, no Brasil e no exterior, pela qualidade de seu trabalho como escritora e tradutora.

Em 2000, Ana recebeu a medalha Hans Christian Andersen, o prêmio mais importante da literatura para crianças e jovens. Em 2003, tornou-se membro da Academia Brasileira de Letras.

Em 2010, ganhou na Holanda o prêmio Príncipe Claus, segundo o júri para "premiar sua literatura notável, sua capacidade de abrir as fronteiras da realidade para jovens e comunicar valores humanos essenciais a mentes e corações impressionáveis".

Livros de Ana Maria Machado publicados pela Salamandra:

Bem do seu tamanho – ilustrações de Mariana Massarani
Bento que Bento é o frade – ilustrações de Cláudio Martins
Beto, o Carneiro – ilustrações de Fernando Nunes
Bisa Bia Bisa Bel – ilustrações de Regina Yolanda
Camilão, o comilão – ilustrações de Fernando Nunes
Currupaco Papaco – ilustrações de Cláudio Martins
De carta em carta – ilustrações de Nelson Cruz
De olho nas penas – ilustrações de Gonzalo Cárcamo
O distraído sabido – ilustrações de Victor Tavares
Dia de chuva – ilustrações de Nelson Cruz
Doroteia, a centopeia – ilustrações de Eva Furnari
Era uma vez um tirano – ilustrações de José Carlos Lollo
Raul da ferrugem azul – ilustrações de Rosana Faría
Severino faz chover – ilustrações de Graça Lima
Uma história de Páscoa – ilustrações de Gonzalo Cárcamo
Um Natal que não termina – ilustrações de Fernando Nunes
A velha misteriosa – ilustrações de Marilda Castanha

Coleção Mico Maneco, 20 títulos – ilustrações de Claudius
Série Adivinhe Só, 4 títulos – ilustrações de Claudius

Coleção Gato Escondido, 4 títulos – ilustrações de
Denise Fraifeld